Digestión y el uso de los alimentos

Wendy Conklin, M.A.

Asesora

Leann Iacuone, M.A.T., NBCT, ATC
Riverside Unified School District

Créditos de publicación

Rachelle Cracchiolo, M.S.Ed., *Editora comercial*
Conni Medina, M.A.Ed., *Gerente editorial*
Diana Kenney, M.A.Ed., NBCT, *Editora principal*
Dona Herweck Rice, *Realizadora de la serie*
Robin Erickson, *Diseñadora de multimedia*
Timothy Bradley, *Ilustrador*

Créditos de las imágenes: págs.2-3 iStock; p.4-6 iStock;
pág.9 (ilustración) J. Bavosi/Science Source, Gastrolab/
Science Source; pág.10 David Scharf/Science Source;
pág.11 Science Picture Co/Science Source; p.12 (superior)
Andersen Ross/Getty Images; págs.14-15 iStock; pág.16
(ilustración) Travis Hanson; pág.17 (superior) iStock,
(inferior) Wayne Lynch/Getty Images; pág.18 iStock;
pág.19 (ilustración) Travis Hanson; págs.20-21 iStock;
pág.21 (ilustración) Travis Hanson; pág.23 (superior)
©Joe Blossom/Alamy, (ilustración) Travis Hanson; pág.24
iStock; pág.25 (superior) Michel Rauch/Science Source,
(inferior) iStock; pág.26 © Wavebreakmedia Ltd PH27L/
Alamy (fondo) iStock; pág.27 (superior) choosemyplate.
gov, (ilustración) iStock; págs.28-29 (ilustraciones)
Timothy Bradley; págs.31-32 iStock; las demás imágenes
cortesía de Shutterstock.

Teacher Created Materials

5301 Oceanus Drive
Huntington Beach, CA 92649-1030
http://www.tcmpub.com
ISBN 978-1-4258-4711-1

Contenido

Tantos sistemas

Comes comida todos los días. De hecho, no puedes vivir sin ella. ¿Pero qué sucede con la comida después de que la comes? El cuerpo debe convertir el sándwich de mantequilla de maní y mermelada en energía para que el corazón siga latiendo, los músculos sigan moviéndose y las uñas de los pies sigan creciendo. La **digestión** es el proceso mediante el cual la comida se descompone y se convierte en energía que el cuerpo puede usar. Pero el estómago no digiere el alimento sin ayuda. Hay partes del cuerpo que trabajan en conjunto en un sistema para digerir tu sándwich de mantequilla de maní y mermelada.

Muchos organismos tienen un sistema digestivo. Pero no todos los sistemas son iguales. Es porque los diferentes organismos tienen distintos hábitos alimenticios. Algunos animales comen solamente plantas. Otros comen solo carne. Esto significa que digieren la comida de manera diferente. Sus cuerpos se han adaptado para descomponer ciertos tipos de alimento.

Digestión

saltamontes

martín pescador

En los seres humanos, la digestión comienza tan pronto como la comida entra a la boca. La **saliva** trabaja con los dientes para triturar la comida. Pero en las aves, la digestión no comienza cuando la comida entra a la boca sino mucho más tarde. Algunos organismos tienen compartimentos internos para almacenar la comida. Esto los ayuda a ingerir grandes cantidades de alimento para usar a lo largo del día. Los organismos simples solo tienen un tubo. Aunque son todos diferentes, estos organismos tienen sistemas digestivos que satisfacen sus necesidades.

venus atrapamoscas

águila calva

El sistema humano

El ser humano promedio come aproximadamente una tonelada de comida al año. ¡Es mucha comida para un sistema digestivo! Pueden necesitarse entre 20 y 40 horas para que esa comida recorra el sistema digestivo.

El sistema digestivo comienza por la boca. En cuanto hueles la comida, es posible que se te haga "agua" la boca con la saliva. Luego, esa comida entra a la boca, los dientes la cortan y la trituran en trozos más pequeños. La saliva contiene enzimas químicas que convierten en azúcar el almidón que comes, descomponiéndolo en nutrientes que el cuerpo puede usar. La lengua mueve esa bola pegajosa de comida masticada en la parte posterior de la garganta.

Cuando tragas, la comida baja por el esófago. El esófago tiene dos conjuntos de músculos que empujan la comida hacia el estómago.

La prueba del gusto

Sin saliva, no puedes saborear la comida. ¿No lo crees? Compruébalo por ti mismo. Saca la lengua unos minutos. Usa un pañuelo de papel para secarla. Luego, coloca un poco de comida en la lengua seca. ¿Qué sabor tiene?

¡Glup!

La saliva hace que la digestión sea posible. La saliva ablanda los alimentos, lo que ayuda a que los dientes los trituren para que puedas tragarlos. ¡La boca produce entre 1 y 2 litros (de 2 a 4 pintas) de saliva en un día!

saliva

El estómago es la siguiente parada para la comida que viaja por el sistema digestivo. Se encuentra justo debajo de la caja torácica izquierda. La comida permanece ahí por diferentes períodos, según el tipo que sea. La comida grasosa es la que más tiempo permanece, unas cuatro horas, pero las pastas pasan después de cerca de una hora. El estómago vacío tiene el tamaño del puño, ¡pero se expande hasta el tamaño de un guante de boxeo cuando está lleno!

Cuando la comida entra al estómago, se mezcla con los jugos gástricos. Cada día, las glándulas de las paredes del estómago producen unas ocho tazas de jugos gástricos. Los jugos ayudan a ablandar la comida y a matar muchos de los gérmenes que tienen algunos alimentos. Estos jugos son bastante potentes. ¿Alguna vez has vomitado y sentido que la nariz y el estómago te ardían? Esto se debe a que los jugos gástricos son muy ácidos. Pero el estómago está hecho para manejarlos. ¡Es un órgano muy fuerte!

bolo

Bolo

Cuando los dientes han hecho su trabajo y la lengua empuja las partículas de comida a la parte posterior de la boca, se forma una pequeña bola de comida masticada, llamada *bolo*. El bolo sigue su camino por el sistema digestivo.

quimo

El estómago tiene tres músculos grandes que presionan la comida lentamente. Trituran y mezclan la comida con los jugos gástricos. La mezcla forma el **quimo**. El quimo viaja a la parte inferior del estómago. De ahí, tu estómago libera el quimo al intestino delgado en pequeñas cantidades.

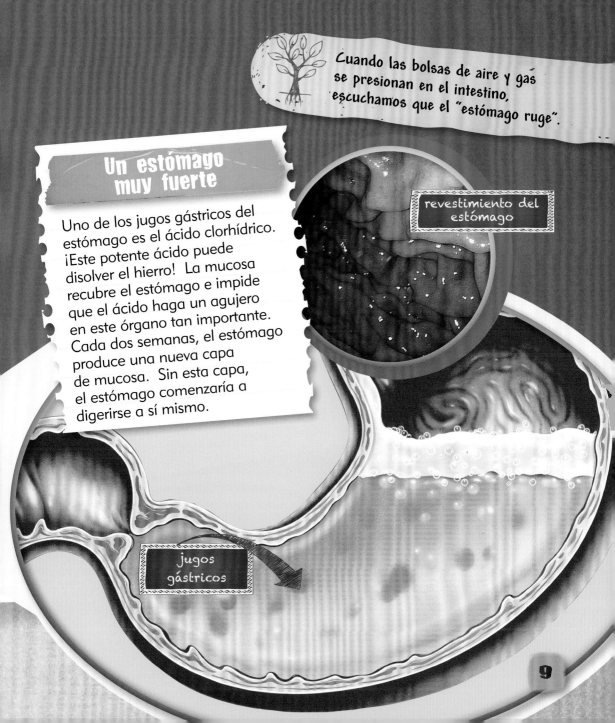

Cuando las bolsas de aire y gas se presionan en el intestino, escuchamos que el "estómago ruge".

Un estómago muy fuerte

Uno de los jugos gástricos del estómago es el ácido clorhídrico. ¡Este potente ácido puede disolver el hierro! La mucosa recubre el estómago e impide que el ácido haga un agujero en este órgano tan importante. Cada dos semanas, el estómago produce una nueva capa de mucosa. Sin esta capa, el estómago comenzaría a digerirse a sí mismo.

revestimiento del estómago

jugos gástricos

El intestino delgado es la parte más grande del sistema digestivo. Se llama *intestino delgado* solamente porque es más angosto que el intestino *grueso*.

El quimo ingresa a este órgano desde el estómago. Una vez que el quimo ingresa, el revestimiento del intestino delgado produce jugos. Estos jugos contienen enzimas que descomponen los nutrientes. El páncreas y el hígado están conectados con el intestino delgado. Los nutrientes pasan al hígado, y todo lo demás, al intestino grueso. El páncreas agrega más enzimas al intestino delgado para ayudar a la digestión de la comida. El hígado produce bilis, una sustancia que descompone la grasa y facilita la digestión. El hígado también almacena vitaminas, hierro y azúcar en forma de energía. Cuando necesitas energía, el hígado convierte el azúcar en energía que el cuerpo puede usar.

intestino delgado

Intestino delgado, pero largo

¡Si se estira, el intestino delgado mide 6 metros (20 pies)! Si estiras el revestimiento del intestino delgado, cubriría el largo de una cancha de tenis. ¡Mide 2,700 pies cuadrados!

La comida viaja por las espirales y los recovecos del intestino delgado durante una hasta seis horas. El revestimiento del intestino delgado contiene pequeños vasos sanguíneos llamados **vellosidades**. Los nutrientes atraviesan las paredes de las vellosidades hacia el torrente sanguíneo. Así es como el cuerpo absorbe la comida.

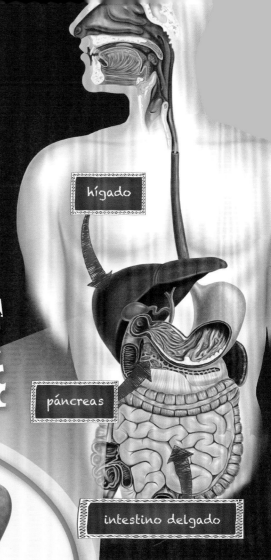

hígado

páncreas

intestino delgado

Un hígado activo

¡El hígado puede hacer unas 500 cosas diferentes! Cuando te cortas un dedo y empiezas a sangrar, el sangrado finalmente se detiene. Esto es gracias al hígado. El hígado también ayuda a eliminar los químicos dañinos que ingresan al cuerpo.

¿Tienes hambre? Échale la culpa a la ghrelina. Esta es la hormona que te hace sentir apetito.

Eres lo que comes

Luego, la comida ingresa al intestino grueso. El intestino grueso contiene la mayor cantidad de bacterias que hay en todo el cuerpo. Pero estas bacterias trabajan para ti. Ayudan a descomponer y absorber todos los nutrientes que hay en la comida. Algunas bacterias del intestino grueso producen vitaminas para el cuerpo. Las vitaminas y los minerales que quedan en la comida son absorbidos por el cuerpo. La comida permanece en el intestino grueso entre 5 y 10 horas. Transcurrido este tiempo, las células muertas del cuerpo, las bacterias y los restos de comida sin digerir forman una masa llamada *heces*. Las heces salen del cuerpo a través del ano. Esa es la parte final de la digestión.

Hazlo tú mismo

Sigue estas sugerencias y pautas para mantener un cuerpo saludable. Piensa en las cosas que ya haces. Esfuérzate por hacer *todas* estas cosas.

Come muchas frutas y verduras.

Haz actividad física diariamente.

Cada vez que comes, la comida emprende un largo viaje por el sistema digestivo. Durante este viaje, la comida se transforma en nutrientes que el cuerpo puede usar. Los alimentos saludables aportan vitaminas y minerales que el cuerpo necesita. Si le das al cuerpo alimentos poco saludables, le quitas muchas vitaminas importantes. El cuerpo trabaja mucho para darte lo que necesitas para tener una buena salud. Pero tus decisiones también influyen en tu salud.

El estreñimiento y la diarrea son señales de que el sistema digestivo está sufriendo dificultades.

Evita la comida rápida y la comida chatarra.

Bebe mucha agua.

Duerme entre 10 y 11 horas cada noche.

Además de los humanos

Al igual que los seres humanos, los animales tienen sistemas digestivos que transforman la comida en los nutrientes que sus cuerpos pueden usar. Se trata de un proceso complejo, y varía según cada animal. Es diferente para un ser humano, un ave, una serpiente y hasta una lombriz. Pero todos digerimos la comida de una forma u otra.

Comer como un pajarito

Los pájaros comen mucho en relación con lo que pesan sus cuerpos. Se debe a que tienen altas temperaturas corporales. Requieren más energía para mantener su temperatura elevada.

Las aves pueden ser grandes o pequeñas, pero cada una tiene un sistema digestivo complejo. Las aves comienzan usando el pico y la lengua para recoger su comida. La forma del pico depende del entorno del ave. Por ejemplo, el pico de un pelícano actúa como una red de pesca. Un colibrí no sobreviviría en el entorno del pelícano porque su pico no es ideal para pescar.

Debido a que los pájaros no tienen dientes, no mastican la comida. En cambio, la saliva comienza a desintegrar la comida lo suficiente como para que pase por el esófago.

El pájaro más pequeño del mundo es un colibrí que cabe en la palma de la mano. El ave más grande es el avestruz, que es más alta que un ser humano.

¿Puedes relacionar cada ave con su alimento?

colibrí

loro

búho

pato

15

En lugar de ingresar al estómago del ave, la comida ingresa al buche, un órgano que tienen las aves. El buche se encuentra en la base del cuello y actúa como un tanque de combustible, que almacena, principalmente, la comida. Cuando el ave está llena, notarás que esa zona está hinchada, y cuando el ave tiene hambre, esa zona estará plana.

El buche traslada la comida al estómago, que tiene dos partes. La primera parte del estómago es el proventrículo. El proventrículo secreta jugos digestivos que descomponen la comida. La segunda parte del estómago es la molleja. Esta es la parte del estómago que tritura la comida. Las semillas y las cáscaras son difíciles de digerir. Por eso, ambas partes del estómago son importantes para la descomposición de las semillas para la digestión.

Por último, la comida pasa al intestino delgado. Allí, la comida se mezcla con la bilis del hígado y las enzimas del páncreas. Las enzimas descomponen las proteínas, el azúcar y la grasa, y la bilis descompone las grasas más grandes. Estos nutrientes se transfieren al torrente sanguíneo y el cuerpo del ave los absorbe. El resto sale del cuerpo como excremento.

La masa blanca y espesa que sale del pájaro es la orina. Si miras de cerca (pero no demasiado cerca) hay una pequeña parte negra en el centro: ¡son las heces!

molleja

buche

intestino

cloaca

estómago

¿Leche de ave?

Algunas aves, como los flamencos y las palomas, producen leche de buche para alimentar a sus crías. Pero no te recomendamos beber esta leche. Está compuesta por una sustancia grasosa dentro del buche del ave que luego vomita en la boca de sus crías.

Excreción de los restos

Después de tragarse toda la presa, el búho digiere las partes comestibles. Luego, las plumas y los huesos que quedan son **regurgitados** por la boca de forma comprimida.

un comprimido de un búho nival

Un bocado

Imagina que tragas la comida sin masticar. Las serpientes lo hacen todo el tiempo. Luego, pueden pasar hasta un mes sin volver a comer. Esto se debe a que las comidas son alrededor del 25 % de su peso corporal. Significa que deben tener un sistema digestivo un poco diferente que se adapte a sus necesidades.

El sistema digestivo de la serpiente comienza por sus dientes. En vez de masticar a la presa, los dientes, en forma de gancho, capturan la comida. Todas las serpientes tienen dientes, pero hay unos tipos de serpientes venenosas que también tienen colmillos. Los colmillos contienen y liberan veneno, un líquido nocivo usado para inmovilizar a la presa. La saliva y las enzimas recubren a la presa y la preparan para ser digerida. Otras enzimas actúan como veneno para matar a la presa.

Una boa constrictora constriñe un venado.

Una comida apretada

Las boas constrictoras se valen de su cuerpo largo para matar a la presa. Una boa envuelve al animal con su cuerpo y comienza a constreñir, o apretar, al animal hasta que el corazón se detiene. ¡Entonces, puede comenzar el banquete!

cloaca

Aunque parece que la serpiente no hace mucho durante la digestión, se necesita mucha energía para digerir la presa. Los músculos dentro del cuerpo de la serpiente desplazan la comida del esófago al estómago. El estómago almacena la comida y el ácido separa todas las partes de la presa, incluidos el pelaje, los huesos y las plumas. El estómago de la serpiente libera hormonas que le señalan al intestino que se aproxima una gran comida. A continuación, el intestino delgado se expande. La comida se traslada hacia el intestino delgado y el grueso, donde se absorben los nutrientes. Por último, el desperdicio sale del cuerpo a través de la **cloaca**.

corazón

pulmón

hígado

riñones

intestino

estómago

vesícula

¡Mastica bien el bolo!

Las jirafas, las vacas y otros **herbívoros** digieren la comida de manera diferente a la de los **carnívoros**. Se debe a que las plantas son más difíciles de digerir que la carne. Todas las plantas tienen paredes celulares compuestas de celulosa, que es difícil de digerir. Por eso, los herbívoros tienen estómagos divididos en cuatro partes que los ayudan a digerir la comida.

La digestión de los herbívoros comienza con los dientes. Primero, usan los dientes molares planos para masticar la comida. Después de que la tragan, la comida pasa al **rumen** y al **retículo**, las primeras dos partes del estómago. En estos compartimentos, la comida se mezcla con la saliva. Así la comida se descompone en líquido y en partes sólidas. Las partes sólidas se convierten en bolo alimenticio, que luego se regurgita a la boca del animal, para que pueda masticarlo un poco más.

Cuando el animal traga el bolo, este pasa al **omaso** y el **abomaso**, las partes tres y cuatro del estómago. El omaso absorbe los nutrientes y el agua de la comida. El abomaso actúa de manera similar a la del estómago del ser humano. Descompone la comida para su digestión. Luego, la comida pasa por los intestinos delgado y grueso. Ahí se absorben los nutrientes y, finalmente, eliminan los desechos.

Un contenedor muy útil

Es posible que, por accidente, una vaca trague un trozo de alambre o un clavo que ha caído de una cerca al pasto. El alambre queda atrapado en el retículo. Esta "herramienta" normalmente se queda en el retículo sin dañar al animal. Por eso, al retículo con frecuencia se conoce como el estómago de las herramientas.

Una cuestión de supervivencia

Los rumiantes, como las ovejas, las vacas y las jirafas, son animales que mastican el bolo. Los depredadores a menudo acechan a los rumiantes. Rumiar les permite tragar la comida con rapidez y ante una situación de emergencia, procesarla más tarde. ¡Algunas vacas pueden rumiar durante ocho horas al día!

rumen

omaso

retículo

abomaso

Digestión sucia

La digestión de las lombrices y las moscas domésticas es muy diferente a la de otros animales. Mientras las lombrices cavan orificios en el suelo, ¡comen tierra! La tierra contiene pequeños restos de animales y plantas en descomposición, que son la cena de las humildes lombrices. Primero, la boca de la lombriz trabaja como una aspiradora que aspira tierra. Esta secreta un líquido a la comida, que entonces comienza a bajar al esófago. El buche almacena la comida de manera temporal antes de que pase a la molleja. Ahí, la comida es triturada para la digestión. Luego, la comida pasa al intestino, donde las enzimas la descomponen. Es ahí donde el cuerpo de la lombriz absorbe la mayoría de los nutrientes. El desecho se elimina por el ano de la lombriz.

La mosca solo puede ingerir comida líquida. Debido a que no todas las comidas son líquidas, debe vomitar saliva y jugos digestivos a las comidas antes de comerlas. Luego, la boca la chupa como esponja. Desde la boca, la comida viaja al estómago. Si la comida no está líquida, pasa por otro tubo que conduce al buche, donde va y viene hacia la boca hasta que está completamente líquida. Cuando llega al estómago, la comida se convierte en materiales usables, y el resto pasa por el cuerpo y sale en forma de desecho.

Todo lo que entra, debe salir

Algunos animales solo tienen un orificio. Las anémonas de mar usan los tentáculos para paralizar su presa. Luego, los tentáculos empujan la comida a la boca, que se encuentra en el centro del cuerpo. Después de la digestión, el desecho sale por la boca. ¿No te alegra que los seres humanos no coman de ese modo?

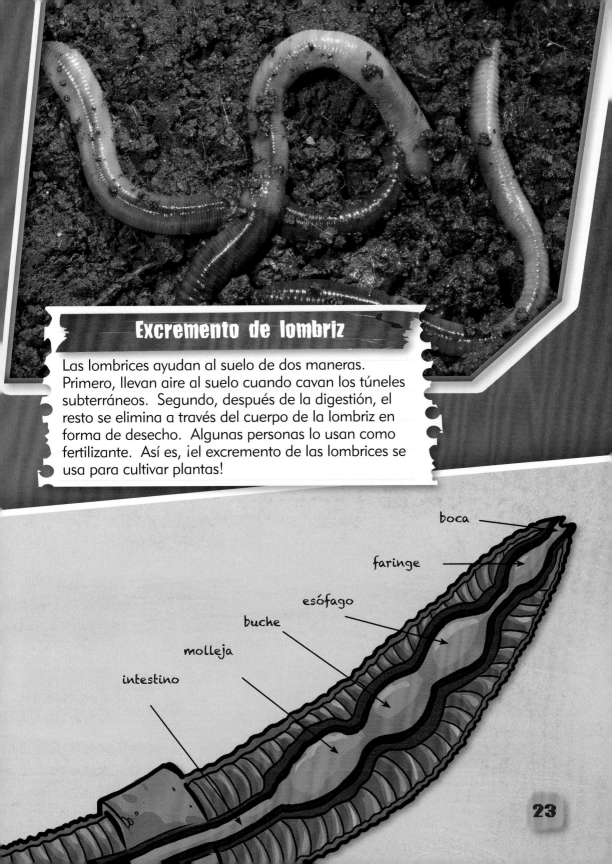

Excremento de lombriz

Las lombrices ayudan al suelo de dos maneras. Primero, llevan aire al suelo cuando cavan los túneles subterráneos. Segundo, después de la digestión, el resto se elimina a través del cuerpo de la lombriz en forma de desecho. Algunas personas lo usan como fertilizante. Así es, ¡el excremento de las lombrices se usa para cultivar plantas!

boca

faringe

esófago

buche

molleja

intestino

23

A preparar la comida

Aunque la mayoría de las plantas no digieren la comida de la misma forma que otros seres vivos, sí descomponen el azúcar para tener energía. Primero, necesitan producir el azúcar mediante el proceso de la fotosíntesis.

Igual que la digestión, la fotosíntesis involucra muchas partes que deben trabajar juntas en un sistema. Las plantas obtienen del suelo los minerales y el agua que necesitan. El agua disuelve los minerales y las raíces de las plantas absorben el agua. El agua y los minerales recorren la planta mediante dos tipos de tubos: el **xilema** y el **floema**. El xilema lleva el agua y los minerales de las raíces a las hojas. El floema lleva el azúcar de las hojas a otras partes de la planta.

La luz solar brilla en la parte superior de la hoja. La energía lumínica se almacena en las células productoras de alimento, que contienen cloroplastos. Cuando el dióxido de carbono ingresa a las células a través de la capa inferior de las hojas, el dióxido de carbono y la energía lumínica se convierten en azúcares que la planta usa a modo de energía.

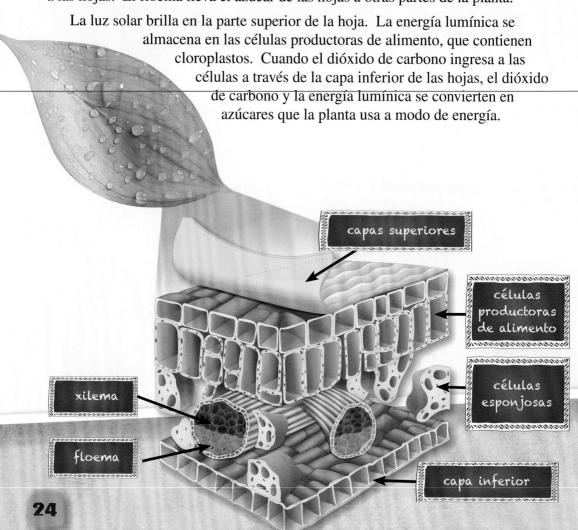

capas superiores

células productoras de alimento

células esponjosas

xilema

floema

capa inferior

24

Las plantas carnívoras capturan y digieren la presa para alimentarse. Comen insectos, arañas y otras criaturas pequeñas. La planta venus atrapamoscas, el lirio cobra y la drosera intermedia son algunos de los tipos de plantas carnívoras.

Una drosera intermedia atrapa una pequeña rana.

xilema

Fruta sabrosa

Toma un tallo de apio y colócalo en una bebida azucarada. Después de unos días, pruébalo. ¿Qué notas? El azúcar viajó por el xilema al resto de la planta. ¡Qué dulce!

Asimilación

Existen diferentes tipos de sistemas digestivos, pero todos tienen el mismo propósito. Los organismos necesitan digerir la comida para obtener la energía y los nutrientes que necesitan para sobrevivir. La naturaleza ha encontrado diferentes maneras de completar esa tarea porque los organismos comen muchos tipos de comida diferente.

La digestión es un proceso complejo y a veces desagradable. Cada cuerpo trabaja mucho para convertir una comida deliciosa en algo mucho menos apetitoso. Pero sin ese proceso, no podríamos vivir. Si comemos comida rica en nutrientes, el cuerpo crece sano y fuerte. Una dieta equilibrada ayuda al sistema digestivo a funcionar de manera apropiada. La próxima vez que te sientes a cenar, piensa en cómo el sistema digestivo usará los nutrientes de la comida que comerás.

Los pasos hacia el éxito

Usa MyPlate para tomar decisiones saludables.

Frutas
Granos
Lácteos
Verduras
Proteínas

ChooseMyPlate.gov

Desafío de la gravedad

¡La digestión es maravillosa! Es un proceso que sucede incluso si estás patas arriba. Los músculos del estómago se contraen y empujan la comida por todo el sistema (aunque no te recomiendo que te pongas patas arriba).

Piensa como un científico

¿Cómo hace el estómago para descomponer la comida? ¡Experimenta y averígualo!

Qué conseguir

- bolsa para sándwich
- galletas saladas
- jugo de naranja
- reloj o cronómetro

Qué hacer

1. Rompe las galletas en trozos pequeños y colócalos en la bolsa. La bolsa representa el estómago.

2. Agrega una pequeña cantidad de jugo de naranja a la bolsa y ciérrala herméticamente. El jugo de naranja representa los jugos gástricos.

3. Usa las manos para apretar y masajear cuidadosamente la bolsa durante un minuto. Esto representa el estómago durante la digestión. ¿Qué le pasó a las galletas? ¿Qué pasaría si agregaras diferentes tipos de comida? Registra los resultados.

Glosario

maso: el cuarto compartimento del estómago de los rumiantes

he: la zona en la garganta de un ave donde se almacena el alimento por un tiempo

nívoros: seres vivos que solo comen carne

ca: la apertura en las aves, los reptiles, los anfibios y algunos peces a través de la cual se eliminan los residuos del cuerpo

estión: el proceso mediante el cual el cuerpo descompone y absorbe los nutrientes

imas: sustancias químicas de los seres vivos que facilitan la digestión

fago: el tubo que une la boca al estómago

ma: tubos minúsculos que transportan el alimento a todas las partes de la planta

bívoros: seres vivos que solo comen plantas

leja: la segunda parte del estómago de un ave donde los alimentos se descomponen en pedazos pequeños

aso: el tercer compartimento del estómago de un rumiante

proventrículo: el estómago verdadero de un ave que se encuentra entre el buche y la molleja

quimo: alimento parcialmente digerido que se desplaza desde el estómago hacia la primera parte del intestino delgado

regurgitados: que son tragados y luego devueltos a la boca

retículo: el segundo compartimento del estómago de un rumiante

rumen: el primer compartimento grande del estómago de un rumiante desde donde se regurgita el alimento

saliva: líquido que se produce en la boca que facilita tragar los alimentos

vellosidades: minúsculos vasos sanguíneos en forma de dedos mediante los cuales se absorben los alimentos en el intestino delgado

xilema: tubos minúsculos de la planta que transportan el agua y los nutrientes desde la raíz al resto de la planta

Índice

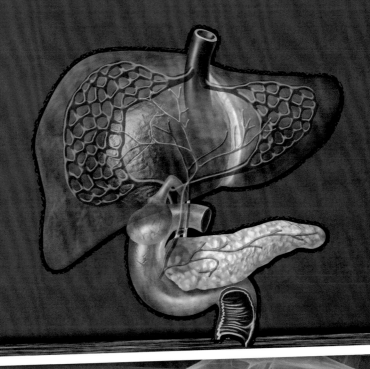

Un excremento diferente

Hay muchos animales que digieren la comida de manera diferente a los seres humanos. Investiga el excremento de tres animales diferentes. Observa cada uno con cuidado. ¿En qué se parecen? ¿En qué se diferencian? ¿Por qué crees esto?